Un Folleto por Frank Hammond

FRANK HAMMOND

Ligaduras del Alma

por Frank Hammond

ISBN 10: 0-89228-209-6
ISBN 13: 978-089228-209-8

Publicado originalmente en inglés con el título:
"Soul Ties"

IMPACT CHRISTIAN BOOKS, INC.
332 Leffingwell Ave., Suite 101
Kirkwood, MO 63122

WWW.IMPACTCHRISTIANBOOKS.COM

Ligaduras del Alma

Hay ocasiones cuando experimentamos alguna verdad espiritual antes de entenderla. Recuerdo una ocasión cuando un grupo de damas me invitaron a enseñarles sobre el bautismo en el Espíritu Santo. A media lección, una de las damas me interrumpió para preguntar, "Hermano Hammond, ¿no podría usted orar por nosotras para que podemos recibir el Espíritu Santo y entonces usted nos lo explica?" Esto fue lo que hice, y es bíblico. ¿Recuerdan los ciento veinte que fueron bautizados en el Espíritu Santo el día de Pentecostés? Ellos tuvieron la experiencia antes de entenderla.

Mi esposa y yo nos ocupamos de ligaduras del alma a través del ministerio de liberación, mucho antes de que teníamos el debido entendimiento de ellas. En efecto, antes que alguien introdujera el término "ligaduras del alma," nosotros nos referíamos a ellas como a "alianzas impías" o "relaciones perversas." Regularmente, por medio del ministerio de la liberación encontramos ligaduras del alma y rompemos el poder que tienen sobre las vidas de los individuos. Sí, las ligaduras del alma son reales, pero ¿Qué son? ¿Cuál es la base bíblica para entender las ligaduras del alma? ¿Cómo se forman? ¿Son siempre demoniacas? ¿Qué peligro existe en estas ligaduras? ¿Cómo pueden romperse?

BUENAS LIGADURAS DEL ALMA

Una ligadura del alma se forma cuando dos o mas personas se unen. Existen ligaduras buenas y malas. Unas santas y otras impías. Nuestro Santo Dios ha aprobado ligaduras buenas del alma, las cuales se desarrollan entre hijos y padres, esposo y esposa, amigos con amigos, y creyentes con creyentes como miembros del cuerpo de Cristo. Estas ligaduras del alma son basadas en la "ley de Cristo" (GAL. 6:2), que también llamada la "ley real" (SANTIAGO 2:8) la cual es la ley del amor. De modo que las ligaduras del alma aprobadas por Dios, representan la unión de personas unidas en las ligaduras del amor "ágape."

LIGADURAS DEL MATRIMONIO

En el matrimonio, el propósito de Dios es que el hombre y la mujer se unan y "los dos sean una sola carne" (EF. 5:31). Deben de estar unidos en amor. "Así también los maridos deben amar a sus mujeres..." (EF. 5:28). Dentro del matrimonio, la unión sexual es una expresión del amor aprobado por Dios. La Biblia declara que en el matrimonio, Dios "une" al marido y su esposa y que el divorcio es una rotura de lo que Dios "unió" (MAT. 19:6). De modo que el divorcio separa violentamente la ligadura del alma que Dios creó. Es por esta causa que hay tanto dolor, tristeza y trauma, en el divorcio.

Ligaduras entre Amistades

"El alma de Jonatán quedó ligada con la de David, y lo amó Jonatán como a sí mismo" (1 de Sam. 18:1). Aquí se nos muestra otro clase de ligadura de alma que es pura y está basada en el amor. Jonatán amó a David hasta el punto de ceder sus propios derechos al trono de Israel. "Amigo hay mas unido que un hermano" (Prov. 18:24). En este caso, la palabra para amigo, en el Hebreo, es compañero o amador, "Oh, qué amigo tenemos en Jesús." "En todo tiempo ama el amigo" (Prov. 17:17). Las ligaduras limpias y santas siempre están basadas en el amor divino.

Ligaduras entre Padres e Hijos

Tocante al testimonio de la relación entre Jacob y Benjamín, leemos, "su padre lo ama... su vida está ligada a la vida de él..." (Gén. 44:20,30). El amor de Jacob para Benjamín era exagerado porque pensó que José había muerto, sin embargo esta es una ilustración de ligaduras del alma que generalmente existen entre los padres y los hijos.

Cuando un niño nace, el bebé debe ser unido con sus padres. Los padres demuestran su amor hacia el pequeño en muchos maneras diferentes. De este modo una ligadura sana del alma se forma, la cual ministra amor y seguridad a esta criatura durante toda su vida. La ligadura del alma entre padres e su hijo es muy necesaria para estabilizar la personalidad de su hijo.

LIGADURAS DE ALMA ENTRE CRISTIANOS

La iglesia se compone de muchos miembros que son unidos y edificados juntos por el amor. "Todo el cuerpo, bien concertado y unido entre sí por todas las coyunturas que se ayudan mutuamente, según la actividad propia de cada miembro, recibe su crecimiento para ir edificándose en amor" (EF. 4:16). La relación entre Cristianos se compara a la relación que hay entre las varias partes del cuerpo humano. Tales ligaduras del alma no solamente son deseables pero también necesarias. Estas ligaduras del alma ayudan a madurar al cuerpo de Cristo y a que cumpla su llamado.

LIGADURAS DEL ALMA DEMONIACAS

Las ligaduras del alma demoniacas son perversiones de lo bueno y lo santo. Las ligaduras buenas del alma se fundan sobre el amor, mientras las ligaduras demoniacas se fundan sobre la lujuria. Recordemos que Satanás es limitado en cuanto a sus derechos legales. El tiene que obrar dentro del marco ya establecido, pero cuando se le da la oportunidad, él pervertirá lo que es puro y santo.

LIGADURAS FORMADAS POR LA FORNICACIÓN

"¿O no sabéis que el que se une con una ramera, es un cuerpo con ella? Porque dice: los dos serán una sola carne" (1 de COR. 6:16).

Por medio de relaciones sexuales fuera del matrimonio se forman ligaduras del alma demoniacas. Los que practican el sexo fuera del matrimonio llegan a ser "una sola carne con otros," esta es una relación que Dios designó solamente para el marido y su esposa. Por medio del adulterio, una ligadura del alma maligna se crea en lujuria y esta ligadura maligna destruye la unión santa que fue basada sobre el amor mutuo y confianza mutuo. Cuando el amor y la confianza son traicionados por el adulterio, es muy difícil restaurar los lazos de la unión matrimonial.

A través de la atracción física y apasionadas formas de afecto fuera del matrimonio, las pasiones se despertó y ligaduras de alma demoníaca se crean. Hoy en día el orden de la sociedad para las parejas es el noviazgo, las caricias y besos y después el matrimonio. El orden de Dios es: el matrimonio, el noviazgo y las caricias. Demasiado contacto físico fuera del matrimonio conduce a la formación de una ligadura del alma, y la lujuria que la acompaña califica esta ligadura como impura, abriendo la puerta para espíritus inmundos.

Las ligaduras perversas no solamente se limitan a las que se forman con personas del otro sexo; se pueden formar también con personas del mismo sexo por medio de la sodomía. Los homosexuales y las lesbianas tratan de eliminar prejuicios contra sus pecados refiriéndose a sí mismos como "Amantes," pero la Palabra de Dios declara que su motivación es la lujuria.

> "...aun sus mujeres cambiaron el uso natural por el que es contra naturaleza, y de igual modo también los hombres, dejando el uso natural de la mujer, se encendieron en su lascivia [***lujuria***] unos con otros..."
>
> Romanos 1:26–27
> (Énfasis del autor)

Las ligaduras perversas también se extienden las que se forman entre personas y animales. Los animales tienen almas por lo tanto es posible formar ligaduras del alma entre personas y animales. La última expresión de esta perversión es la bestialidad — cópula con animales. Algunas ligaduras con animales no llegan a la bestialidad y se caracterizan como una compasión falsa y un cariño exagerado para los animales.

Cuando Adán necesitaba una esposa con quien podía llegar a ser una sola carne, cada animal en toda la creación pasó delante de el; "Y puso Adán nombre a toda bestia y ave de los cielos y a todo ganado del campo; mas para Adán no se encontró ayuda aceptable para el" (GEN. 2:20, AMP.). Ligaduras del alma con animales están perversiones.

LIGADURAS CON MALAS AMISTADES

> "No erréis; las malas conversaciones corrompen las buenas costumbres."
>
> 1 de COR. 15:33

Todos somos fácilmente influenciados por nuestros amigos, por eso es importante escoger amigos justos y santos.

Ligaduras con malas compañeros te va atrapar, y se encontrará atrapado en las garras del mal.

> "Espinos y lazos hay en el camino del perverso; El que guarda su alma se alejará de ellos... No te entremetas con el iracundo... No sea que aprendas sus maneras, y tomes **lazo para tu alma**"
>
> Prov. 22:5,24–25
> (ÉNFASIS DEL AUTOR)

Ligaduras Pervertidas de Familia

Dentro de la familia existen ligaduras del alma muy íntimas las cuales Satanás desea pervertir. Las ligaduras del alma entre padres e hijos son sanas y beneficiosas, excepto cuando continúan en la vida adulta de la persona. La expresión; "cortar las cuerdas del delantal," significa romper las ligaduras entre los padres y los hijos ya adultos. Cuando los hijos están listos para el matrimonio, las ligaduras con los padres deben terminar para que puedan formarse las ligaduras del matrimonio. Por eso Dios decreta que, "dejará el hombre a su padre y a su madre, y se unirá a su mujer" (Ef. 5:31). Cuando el padre da a su hija en matrimonio, él rompe las ligaduras del alma con ella, a favor de su esposo. Cuando la ligadura del alma familial no se rompe al tiempo señalado, entonces lo que era bueno o beneficioso llega a ser maligno, por medio del control y la posesión de parte de los padres.

El "dejar al padre y madre" no quiere decir que se rompe la relación con los padres. Mas bien, esto habla de la madurez en la relación entre padres e hijos que acompaña el proceso de maduración entre ellos. Nunca debemos dejar de honrar a nuestro padre o madre, este es un mandamiento con promesa (vea Éxodo 20:12).

Perversiones sexuales entre los miembros de la familia han aumentado en forma alarmante. Esto ocurre cuando hay relaciones de incesto entre padre e hija, madre e hijo, hermano y hermana, suegro y nuera, suegra y yerno u otra relación perversa entre familiares cercanos.

Cuando la unión necesaria entre padre e hijo no se desarrolla al nacer, esta criatura crece con un vació dentro de si, el cual lo hace sentir inquieto y lo obliga buscar los vínculos de amor durante toda su vida. Por eso, existen tantas personas que, por una razón u otra, nunca desarrollaron una unión cariñosa con sus padres, y ahora son objetivos perfectos por Satanás a formar ligaduras falsas y perversas con otros.

Un pastor y su esposa tenían cinco hijos de nacimiento y una hija adoptiva. Los seis hijos fueron criados bajo las mismas circunstancias de amor imparcial, y entrenamiento e influencia espiritual. Entonces, ¿Porque la hija adoptiva la única persona de los seis que fue atraída al mundo y la rebeldía? La razón es que esa criatura había sido rechazada por sus propios padres. A pesar del amor que le ofrecieron sus padres adoptivos, ella nunca podía recibir ese amor. En su búsqueda para llenar ese vació, se enlazó con el mundo a través de lujuria. Esta es la razón por qué Dios quieren sanar almas y corazones rotos.

LIGADURAS DEL ALMA CON LOS DIFUNTOS

Cuando fallece un miembro de la familia o un íntimo amigo, las ligaduras con esa persona deben ser disueltos. El período de tristeza que viene después de la muerte de un ser querido, es un tiempo para reajustarse y de terminar la ligadura de alma con esa persona mientras las gratas y cariñosos memorias permanecen.

Ejemplos Bíblico de luto por los muertos nos enseñan que los días de luto deben ser limitados. El luto en la Biblia normalmente duraba entre siete a treinta días. Cuando Jacob se murió José "hizo a su padre duelo por siete días" (GÉNESIS 50:10). Y leemos, "Y viendo toda la congregación que Aarón había muerto, le hicieron duelo por treinta días todas la familias de Israel" (NÚMEROS 20:29).

Y también, "Y lloraron los hijos de Israel a Moisés en los campos de Moab treinta días; y así se cumplieron los días del lloro y del luto de Moisés" (Deuteronomio 34:8).

Un periodo de luto prolongado puede indicar la continuación de la ligadura del alma, y el peso de la tristeza prolongada puede crear oportunidades para la entrada de espíritus de tristeza, pesadez, y soledad. Es mas, si uno intenta comunicación con el espíritu de una persona desaparecido, puede recibir un espíritu familiar fácilmente.[1]

Una mujer que vino a nosotros para liberación nunca había formado ligaduras del alma satisfactorias con sus tres hijos. Ella tuvo miedo formar esas ligaduras, y había un motivo por ello. También, era muy posesiva en cuanto a sus nietos. Además, cuando se dio cuenta que estaba llegando a la edad de menopausia, ella estuvo obsesionado con la idea de tener otro hijo. Cuando ella escuchó nuestra enseñanza sobre ligaduras del alma, ella reconoció su problema y vino a nosotros para recibir ministerio.

El Señor le reveló que ella nunca había roto las ligaduras del alma con sus hijos perdidos por aborto natural o parto de feto muerto. Las ligaduras del alma normales se habían establecido con los bebés mientras estuvieron en el vientre. La pérdida de estos hijos, que ocurrió antes del nacimiento de sus otros hijos, le causó a tener miedo de vinculación con sus hijos (de formar ligaduras del alma) con los hijos vivos porque temía perderlos a ellos también. Dentro de si misma nunca había dejado de lamentar la pérdida de los hijos perdidos antes de nacer, por

1 Ve el libro, "*Enfrentando Espíritus Familiares*" por Frank Hammond. Usted puede encontrar este libro aquí: **www.impactchristianbooks.com/frank**

lo tanto, nunca estuvo realmente satisfecha con los hijos que crió y constantemente se ocupaba de sus nietos y deseaba otro hijo propio para llenar el vació dentro de ella. Fue liberada de su esclavitud cuando las ligaduras del alma fueron rotas con los infantes que habían fallecido.

LIGADURAS DEMONIACAS DENTRO DE LA IGLESIA

A veces existen ligaduras dentro del cuerpo de Cristo las cuales se oponen a la unidad del Cuerpo. Esto es muy opuesto a lo que cantamos en el himno que dice "bendita la vínculo que une nuestros corazones en el amor cristiano." Ciertas ligaduras del alma se forman entre grupos de personas dentro de la iglesia, las cuales son un estorbo y causan división en el cuerpo de Cristo. Estos grupos destruyen la unidad de la iglesia y la armonía del cuerpo.

> Pero Dios ordenó el cuerpo, dando mas abundante honor al que le faltaba, para que no haya desavenencia en el cuerpo, sino que los miembros todos se preocupen los unos por los otros.
>
> 1 de COR. 12:24–25

De aquí concluimos, que tales grupos de personas ("camarillas") están opuestas al cuidado mutuo que Dios ordenó para la iglesia, "uniendo todo en un solo cuerpo."

Cristo es quien ha sido proclamado Cabeza de la Iglesia, de modo que debe ser la meta del liderazgo en la iglesia unir cada miembro a Cristo. "El que se une al Señor, un espíritu es con él" (1 de COR. 6:17). A veces los pastores unen a los miembros de la iglesia a ellos, en vez de unirlos a Cristo. Hoy en día la gente esta siendo desviada de Cristo. Ligaduras del alma relacionadas con la iglesia, pueden ser formadas intencionalmente por los métodos del pastor, o pueden ser iniciadas por los miembros de la congregación que idolatran al pastor encima de Cristo. Algunas sectas ocultas son retoños de esta clase de ligaduras.

yo ministré liberación a un pastor el cual había hecho un ídolo de su mentor espiritual, a tal punto que se negó a escuchar los mensajes del otro Ministro. El se jactaba de que el tenia todos los mensajes que su maestro había grabado. Este hombre caminaba cojeando para imitar a su maestro el cual era cojo. Un día que su maestro sufrió un ataque al corazón, y éste pastor también sintió dolores en el pecho. Como nos ministró a este pastor, el demonio en él clamó "Yo estoy compartiendo en su sufrimiento" (de su mentor), en vez de los padecimientos de Cristo (Fil. 3:10).

El apóstol Pablo encontró este tipo de error tocante a ligaduras del alma, cuando escribió a la iglesia de las Corintios.

> Pues habiendo entre vosotros celos, contiendas y disensiones, ¿no sois carnales, y andáis como hombres? Porque diciendo el uno; Yo ciertamente soy de Pablo; y el otro: Yo soy de Apolos, ¿no sois carnales? ¿Qué, pues, es Pablo, y qué es Apolos? Servidores por medio de los cuales habéis creído...
> 1 de Cor. 3:3–5

Pablo a continuación explica, que Cristo es el único fundamento sobre el cual se puede edificar. Cuando el hombre substituye otro fundamento en vez de Cristo, entonces se introduce el espíritu del Anticristo. Esta clase de error se observó dentro de la "Shepherding Movement." El pastor del rebaño se estableció como el "Yo Soy" para sus ovejas, tal que ninguna acción podría ocurrir excepto por la aprobación del pastor humano.

Los líderes espirituales deben mantener el espíritu de Juan Bautista quien declaró, "Yo no soy el Cristo... (sino) el amigo del esposo" (JUAN 3:28–29). De otro modo, se usurpa la posición de Cristo como Cabeza de la Iglesia, y la gente se liga al pastor y no a Cristo. Esto es uno de los principales estorbos para la comunión cristiana entre la gente de diferentes iglesias y denominaciones. Su lealtad está ligada al hombre en vez de Cristo.

Hemos encontrado, que los demonios de error doctrinal se identifican por los nombres de los líderes que enseñan el error. En tales casos, la ligadura demoniaca se identifica claramente.

LA INFLUENCIA DE ESPÍRITUS AFINES

¿Cómo entran los demonios en las ligaduras del alma? Los demonios entran cuando se violan las reglas espirituales. Dios ha puesto límites y reglas que gobiernan nuestras relaciones con otros. Dios ha dado el hombre una naturaleza para amar y vivir en comunión con los demás. Fácilmente podemos reconocer los límites del matrimonio. El hombre se separa de todos los demás y se une a su mujer. Hay límites similares que gobiernan las amistades y las relaciones dentro del Cuerpo de Cristo. Cuando las relaciones dentro de cualquier área de nuestra vida no obedecen los límites que Dios ha establecido, las relaciones se pervierten y los demonios entran. De esta manera las ligaduras del alma normales llegan a ser ligaduras demoniacas.

Por medio de las ligaduras del alma se establece un canal espiritual. Por ejemplo, en un matrimonio sano, el Espíritu Santo opera entre esposo y esposa. Las cosas del Espíritu Santo son comunes entre los dos, porque son "uno". El mismo principio opera en las ligaduras del alma demoniacas. Cuando hay un empate pecaminoso creado entre dos personas, los demonios en una persona pueden afectar a la otra persona, ya que los dos se hacen uno.

El Poder de las Ligaduras del Alma

El poder de las ligaduras del alma se refleja en dos palabras importantes del Nuevo Testamento en Griego: "unir" (a veces traducida, "allegar") y "comunión".

"Unir"

La palabra "unir" se utiliza en relación con el matrimonio. En Efesios 5:31, el hombre "***se unirá***" a su mujer. En Griego significa "pegarse, cimentarse, juntarse." En Mateo 19:6, la Biblia dice "lo que Dios ***juntó***." En Griego significa "unirse, enlazados."

Dentro del matrimonio, uno puede experimentar la altura y profundidad de una relación humana. Las ligaduras entre el esposo y la esposa son puras y satisfactorias. En los momentos que se "juntan", se pueden ministrar mutuamente bajo la unción del Espíritu Santo. Pero por ejemplo, si el esposo introduce el sexo oral, o anal, (sodomía), en la relación matrimonial, entonces otro espíritu es introducido y la esposa se convierte contaminado por la transferencia del espíritu inmundo en él a ella.[2]

También se utiliza la palabra "unir" en relación con la Iglesia. En Efesios 4:16 encontramos "todo el cuerpo, bien ***concentrado y unido entre sí***" (énfasis del autor). Otra vez en 1 de COR. 1:10 - "Os ruego, pues, hermanos, por el nombre de nuestro Señor Jesucristo, que habléis todos una misma cosa, y que no haya entre vosotros divisiones, sino que estéis ***perfectamente unidos*** en una misma mente y un mismo parecer" (énfasis del autor).

La iglesia es un cuerpo. "Si un miembro padece, todos los miembros se duelen con él" (1 de COR. 12:26). Lo que acontece a un miembro afecta a los demás miembros del cuerpo. "¿No sabéis que vuestros cuerpos son miembros de Cristo? ¿Quitaré pues, los miembros de Cristo y los haré miembros de una ramera? De ningún modo!" (1 de COR. 6:15). Así mismo cuando un miembro de una iglesia se involucra en inmoralidad sexual. Cristo la Cabeza es afectado y cada miembro del cuerpo es afectado también. Es por esta razón, que la iglesia debe disciplinar a los culpables en tales casos, para remover cualquier pecador sin arrepentimiento. Por ejemplo, el hombre de la iglesia de Corinto que vivía en pecado de incesto, tuvo que ser excomulgado. Pablo explica la razón: "¿No sabéis

2 Ve el libro, "*The Marriage Bed - Can the Marriage Bed be Defiled?*" (en inglés) por Frank Hammond. Usted puede encontrar este libro aquí: **www.impactchristianbooks.com**

que un poco de levadura leuda toda la masa? Limpiaos, pues, de la vieja levadura, para que seáis nueva masa..." (1 de Cor. 5:6–7).

Hay iglesias cuyos miembros caen en pecado sexual en "a mayoreo." Un espíritu de fornicación ejerce control sobre la iglesia. Puede ser que el primero en caer en adulterio sea el pastor, pero podría haber sido cualquier miembro de la iglesia que cometió el pecado. Todo el cuerpo es afectado, porque cada miembro está "unido" el uno con el otro, y lo que hace uno afecta a los demás.

Además, la palabra "unir" describe nuestra relación con Jesucristo. En 1 de Cor. 6:17, leemos "Pero el que se *une al Señor*, un espíritu es con él" (énfasis del autor). Así como una esposa puede cometer adulterio contra su esposo, así también una persona puede cometer adulterio espiritual contra el Señor. La idolatría es adulterio espiritual. Toda práctica del ocultismo es una forma de idolatría, porque la persona sale fuera de su relación con Dios para recibir conocimiento, sabiduría, orientación, o poder. Entonces cuando una persona tiene relaciones con ídolos, decimos que se ha "***unido***" con ellos (énfasis añadidas por el autor a continuación).

> "Así acudió el pueblo a Baal-peor; y el furor de Jehová se encendió contra Israel."
>
> Números 25:3

> "'Se unieron asimismo a Baal-Peor, y comieron los sacrificios de los muertos."
>
> Salmo 106:28

> Efraín es dado a ídolos; déjalo.
>
> Oseas 4:17

Cuando una persona visita a adivino, se "une" a la persona que esta practicando en lo oculto con una conexión espiritual, y por lo tanto, comete adulterio espiritual. A través del adulterio espiritual se forma una ligadura del alma. En participar en lo oculto, uno comete "coito espiritual" con los demonios!

"Comunión"

Tenemos comunión con Cristo por medio de su sacrificio.

> La copa de bendición que bendecimos, ¿no es la comunión de la sangre de Cristo? El pan que partimos, ¿no es la comunión del cuerpo de Cristo? Siendo uno solo el pan, nosotros, con ser muchos, somos un cuerpo; pues todos participamos de aquel mismo pan."
>
> 1 de Cor. 10:16–17

La palabra Griega para "compañerismo" quiere decir "comunión, compartiendo juntos; teniendo en común." Como creyentes, nuestra comunión es en Cristo. Llegamos a ser "un cuerpo" y "un pan" participando juntos del Pan Único el cual es Cristo sacrificado por nosotros. Cuando venimos juntos a la mesa del Señor, y participamos del pan y del vino de la comunión, participamos juntos de su sacrificio. Esta comunión depende de que compartamos en Su muerte sacrificial para la expiación de nuestros pecados.

Tenemos comunión con demonios a través de la idolatría. ¿Qué es lo que pasa cuando participamos en alguna actividad de idolatría como el hipnotismo, la tabla Ouija, la astrología o la adivinación? Estamos participando de otra mesa... la mesa de los ídolos.

> "Por tanto, amados míos, huid de la idolatría... No podéis beber la copa del Señor, y la copa de los demonios..."
>
> 1 de Cor. 10:14,21

¿Qué opina el Señor de nuestra comunión con demonios? "¿O provocaremos a celos al Señor?" (1 de Cor. 10:22). Si una esposa sale con otro hombre, el esposo siente celos. Igualmente, el creyente que tiene relación con "otro espíritu" provoca a celos al Señor. Ligaduras del alma a través de la participación de oculta deben renunció y destruidos.

Los esposos y esposas quienes en verdad llegan a ser "una sola carne" comienzan a pensar igual, hacer igual, y muchas veces, aún parecer igual. La Palabra de Dios dice que cuando la gente esta allegada a un ídolo, ellos llegan a ser como aquel ídolo:

> "Los ídolos de ellos son plata y oro, obra de manos de hombres. Tienen boca, mas no hablan; tienen ojos, mas no ven; orejas tienen, mas no oyen; tienen narices, mas no huelen; manos tienen, mas no palpan; tienen pies, mas no andan; no hablan con su garganta. ***Semejantes a ellos son los que los hacen, y cualquiera que confía en ellos.***"
>
> Salmo 115:4–8
>
> (Énfasis del autor)

ROMPIENDO LIGADURAS DEL ALMA DEMONIACAS

Por medio de nuestro estudio hemos visto que las ligaduras del alma son en verdad prevalentes y mas extensas de lo que tal vez suponíamos. Cuando se identifican ligaduras del alma malignas, ¿Qué es lo que se puede hacer para revocar su poder?

Primeramente, es necesario el arrepentimiento delante de Dios, porque se han violado los mandamientos de Dios. La lujuria nos ha llevado mas allá de los límites de la pureza que el Señor ha establecido. Aún el pecado cometido en ignorancia requiere el perdón. Pidale a Dios AHORA mismo, que te perdone por cada de las perversas ligaduras del alma usted haya creado.

Segundo, estropea la casa del hombre fuerte, reclamando todo lo que él te ha robado. Confiesa delante de Dios, que Satanás ya no tiene derecho legal en tu vida. Declara en el nombre del Señor Jesucristo, que toda ligaduras del alma demoniaca que tu has identificado, son rotas y deshecha ahorita mismo.

Tercero, !ordena a todos los espíritus inmundos asociados con los ligaduras del alma dejo, en el nombre de Jesucristo el Hijo de Dios!

NOTA: Sé tan especifico como sea posible al romper estas ligaduras del alma. Ligaduras del alma se forman con cada persona con la cual hayas tenido relaciones sexuales fuera del matrimonio.

Habla cada pareja sexual por tu nombre y verbalmente a

renunciar a los vínculos con cada uno de ellos.

¿Se han formado ligaduras del alma con animales?

¿Existen ligaduras anormales con miembros de tu familia?

¿Existen ligaduras anormales con pastores o personas dentro del cuerpo de Cristo?

¿Se han creado ligaduras del alma perversas espirituales por medio de tu asociación con el ocultismo tales como los adivinos, astrólogos, brujas, curanderos, medios, hipnotistas, perforadores de oídos (Éx. 21:5–6), artistas de tatuajes (Lev. 19:28), convenios de sangre, conjuros, o votos impíos de Masones, fraternidades, o hermandades de mujeres?

Pide y recibe el perdón de Dios por cada ligadura del alma que tu hayas formado. En el nombre de Jesús, ordena a todos los demonios asociados con ligaduras del alma perversas que se vayan.

Tan pronto como recibas su liberación, dale gracias a Dios y alaba su Santo Nombre. Alabale en lenguas y con el entendimiento.

!Gracias Señor por la Liberación!

Otros Libros en Español acerca de
La Guerra Espiritual

ISBN 089228210X

Enfrentando Espíritus Familiares

por Frank Hammond

Un folleto por Frank Hammond. Una persona puede formar y desarrollar una relación íntima con un espíritu maligno, voluntariamente o por ignorancia.

Dos personas humanas pueden formar una relación, y por medio de comunicación y comunión la relación puede ser aumentada. De la misma manera, una persona puede formar y desarrollar una relación íntima con un espíritu maligno, ya sea para el conocimiento o la ganancia. Cuando una persona forma una relación con un espíritu maligno, esa persona entonces "tiene" un espíritu familiar.

Los espíritus familiares son imitadores de los dones del Espíritu Santo. Cualquiera que tiene compañerismo con Dios y camina en el Espíritu Santo no tiene necesidad de un espíritu familiar, porque Dios le provee todo lo necesario.

Website: WWW.IMPACTCHRISTIANBOOKS.COM

Phone Order Line: (314)-822-3309

Address: **IMPACT CHRISTIAN BOOKS**
332 Leffingwell Ave. Suite #101
Kirkwood, MO 63122

Made in the USA
Columbia, SC
25 July 2023